Les créations de crochet

de

_____

_____

Mes créations en crochet

N°	Nom de l'ouvrage	Source du patron

N°	Nom de l'ouvrage	Source du patron

Ouvrage N° :

Commencé le : ...../...../.....   Terminé le : ...../...../.....   Source du patron : ....

Mes Fils
Échantillons

Quantité					
Nom, Référence					
Marque					
Couleur					
Composition					
Poids					
Longueur					
Lieu d'achat					
Prix					
Aiguille					

Mon Matériel

....
....
....
....
....
....
....

Échantillon

.... cm x .... cm

Nombre de rangs :

Nombre de mailles :

Type de points :

N° aiguille :

N° Crochet :

Croquis

Étapes de réalisation

Notes, Trucs & Astuces

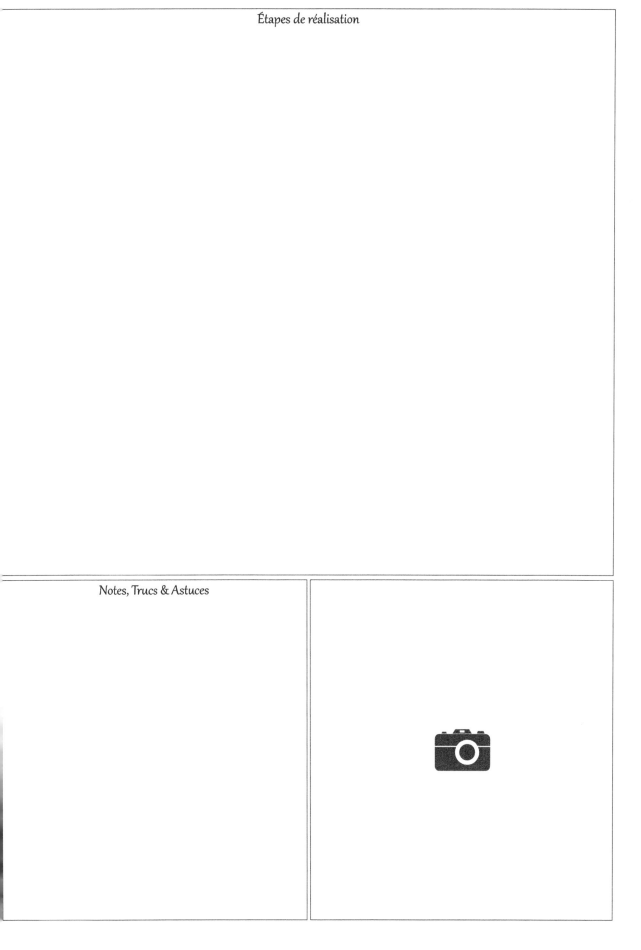

Ouvrage N° :

Commencé le : ...../...../.....   Terminé le : ...../...../.....   Source du patron : ....

Mes Fils
Échantillons

Quantité					
Nom, Référence					
Marque					
Couleur					
Composition					
Poids					
Longueur					
Lieu d'achat					
Prix					
Aiguille					

Mon Matériel

....
....
....
....
....
....
....

Croquis

Échantillon

.... cm x .... cm

Nombre de rangs :

Nombre de mailles :

Type de points :

N° aiguille :

N° Crochet :

Étapes de réalisation

Notes, Trucs & Astuces

Ouvrage N° :

Commencé le : ...../...../.....   Terminé le : ...../...../.....   Source du patron : ....

Mes Fils
Échantillons

Quantité					
Nom, Référence					
Marque					
Couleur					
Composition					
Poids					
Longueur					
Lieu d'achat					
Prix					
Aiguille					

Mon Matériel

....
....
....
....
....
....
....

Croquis

Échantillon

.... cm x .... cm

Nombre de rangs :

Nombre de mailles :

Type de points :

N° aiguille :

N° Crochet :

Étapes de réalisation

Notes, Trucs & Astuces

Ouvrage N° :

Commencé le : ...../...../.....   Terminé le : ...../...../.....   Source du patron : ....

Mes Fils
Échantillons

Quantité					
Nom, Référence					
Marque					
Couleur					
Composition					
Poids					
Longueur					
Lieu d'achat					
Prix					
Aiguille					

Mon Matériel

....
....
....
....
....
....
....

Croquis

Échantillon

.... cm x .... cm

Nombre de rangs :

Nombre de mailles :

Type de points :

N° aiguille :

N° Crochet :

Étapes de réalisation

Notes, Trucs & Astuces

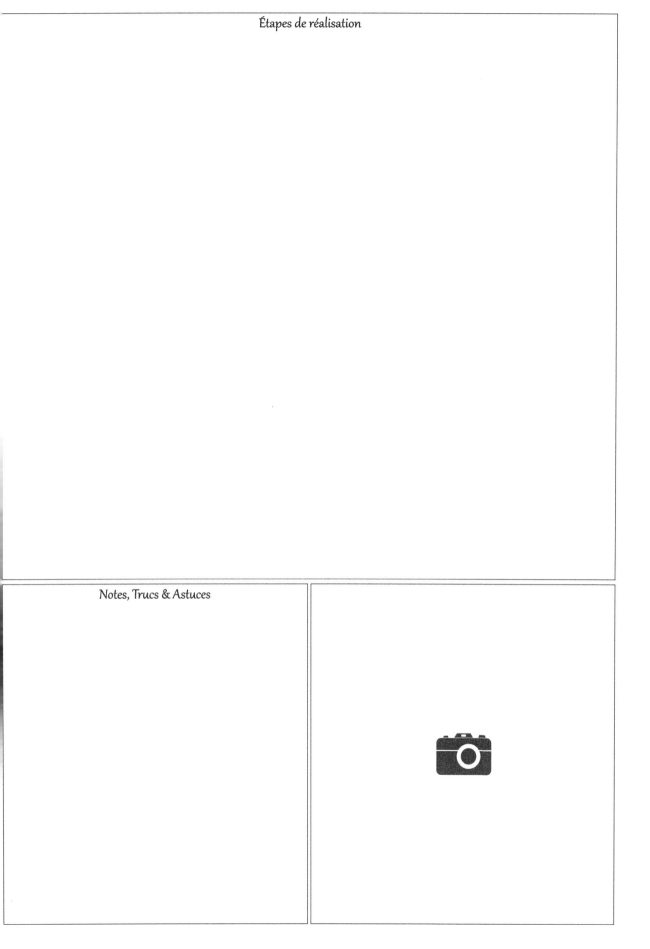

Ouvrage N° :

Commencé le : ...../...../.....   Terminé le : ...../...../.....   Source du patron : ....

Mes Fils
Échantillons

Quantité					
Nom, Référence					
Marque					
Couleur					
Composition					
Poids					
Longueur					
Lieu d'achat					
Prix					
Aiguille					

Mon Matériel

....
....
....
....
....
....

Croquis

Échantillon

.... cm x .... cm

Nombre de rangs :

Nombre de mailles :

Type de points :

N° aiguille :

N° Crochet :

Étapes de réalisation

Notes, Trucs & Astuces

Ouvrage N° :

Commencé le : ...../...../.....   Terminé le : ...../...../.....   Source du patron : ....

Mes Fils
Échantillons

Quantité					
Nom, Référence					
Marque					
Couleur					
Composition					
Poids					
Longueur					
Lieu d'achat					
Prix					
Aiguille					

Mon Matériel

....
....
....
....
....
....
....
....

Croquis

Échantillon

.... cm x .... cm

Nombre de rangs :

Nombre de mailles :

Type de points :

N° aiguille :

N° Crochet :

Étapes de réalisation

Notes, Trucs & Astuces

Ouvrage N° :

Commencé le : ...../...../.....   Terminé le : ...../...../.....   Source du patron : ....

Mes Fils
Échantillons

Quantité					
Nom, Référence					
Marque					
Couleur					
Composition					
Poids					
Longueur					
Lieu d'achat					
Prix					
Aiguille					

Mon Matériel

....
....
....
....
....
....

Croquis

Échantillon

.... cm x .... cm

Nombre de rangs :

Nombre de mailles :

Type de points :

N° aiguille :

N° Crochet :

Étapes de réalisation

Notes, Trucs & Astuces

Ouvrage N° :

Commencé le : ...../...../.....   Terminé le : ...../...../.....   Source du patron : ....

Mes Fils
Échantillons

Quantité					
Nom, Référence					
Marque					
Couleur					
Composition					
Poids					
Longueur					
Lieu d'achat					
Prix					
Aiguille					

Mon Matériel

....
....
....
....
....
....
....

Croquis

Échantillon

.... cm x .... cm

Nombre de rangs :

Nombre de mailles :

Type de points :

N° aiguille :

N° Crochet :

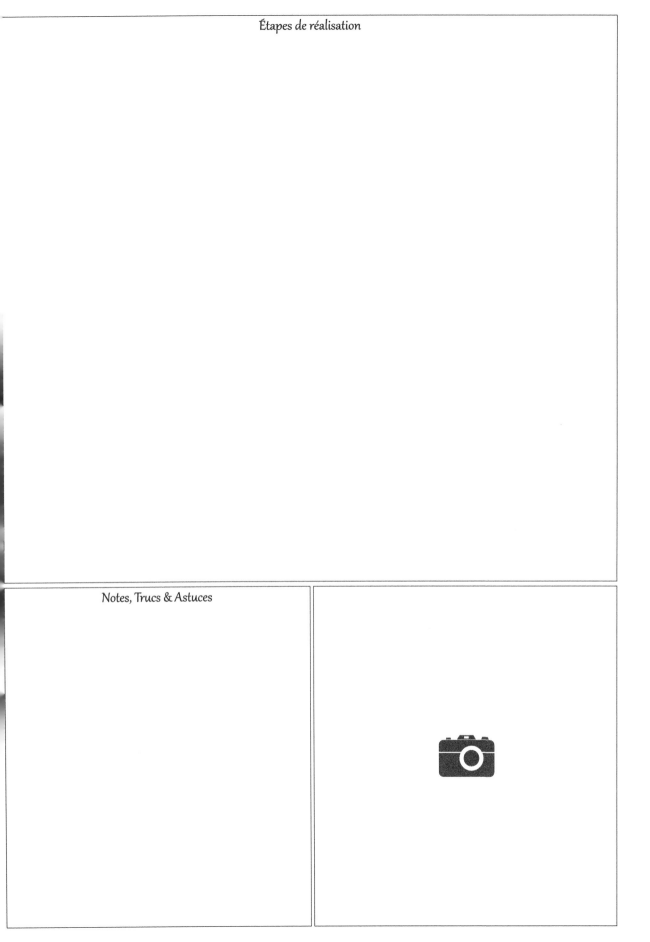

Ouvrage N° :

Commencé le : ...../...../.....   Terminé le : ...../...../.....   Source du patron : ....

Mes Fils

Échantillons

Quantité					
Nom, Référence					
Marque					
Couleur					
Composition					
Poids					
Longueur					
Lieu d'achat					
Prix					
Aiguille					

Mon Matériel

....
....
....
....
....
....
....

Croquis

Échantillon

.... cm x .... cm

Nombre de rangs :

Nombre de mailles :

Type de points :

N° aiguille :

N° Crochet :

Étapes de réalisation

Notes, Trucs & Astuces

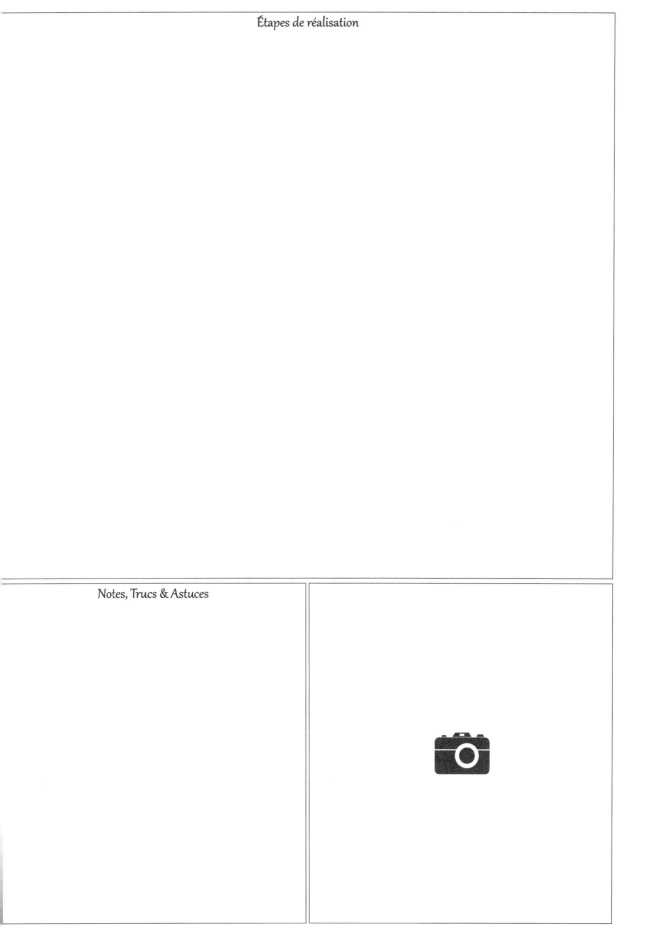

Ouvrage N° :

Commencé le : ...../...../.....   Terminé le : ...../...../.....   Source du patron : ....

Mes Fils
Échantillons

Quantité				
Nom, Référence				
Marque				
Couleur				
Composition				
Poids				
Longueur				
Lieu d'achat				
Prix				
Aiguille				

Mon Matériel

....
....
....
....
....
....
....

Croquis

Échantillon

.... cm x .... cm

Nombre de rangs :

Nombre de mailles :

Type de points :

N° aiguille :

N° Crochet :

Étapes de réalisation

Notes, Trucs & Astuces

Ouvrage N° :

Commencé le : ...../...../.....   Terminé le : ...../...../.....   Source du patron : ....

Mes Fils
Échantillons

Quantité					
Nom, Référence					
Marque					
Couleur					
Composition					
Poids					
Longueur					
Lieu d'achat					
Prix					
Aiguille					

Mon Matériel

....
....
....
....
....
....
....

Croquis

Échantillon

.... cm x .... cm

Nombre de rangs :

Nombre de mailles :

Type de points :

N° aiguille :

N° Crochet :

Étapes de réalisation

Notes, Trucs & Astuces

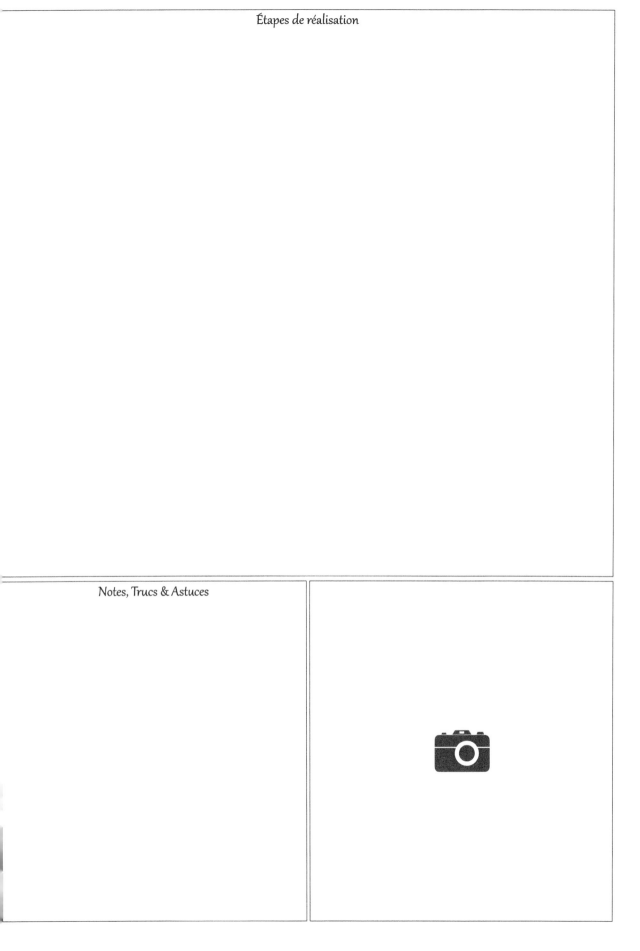

Ouvrage N°   :

Commencé le : ...../...../.....   Terminé le : ...../...../.....   Source du patron : ....

Mes Fils
Échantillons

Quantité					
Nom, Référence					
Marque					
Couleur					
Composition					
Poids					
Longueur					
Lieu d'achat					
Prix					
Aiguille					

Mon Matériel

....
....
....
....
....
....
....

Croquis

Échantillon

.... cm x .... cm

Nombre de rangs :

Nombre de mailles :

Type de points :

N° aiguille :

N° Crochet :

Étapes de réalisation

Notes, Trucs & Astuces

Ouvrage N° :

Commencé le : ...../...../.....   Terminé le : ...../...../.....   Source du patron : ....

Mes Fils
Échantillons

Quantité					
Nom, Référence					
Marque					
Couleur					
Composition					
Poids					
Longueur					
Lieu d'achat					
Prix					
Aiguille					

Mon Matériel

....

....

....

....

....

....

....

Croquis

Échantillon

.... cm x .... cm

Nombre de rangs :

Nombre de mailles :

Type de points :

N° aiguille :

N° Crochet :

Étapes de réalisation

Notes, Trucs & Astuces

Ouvrage N°   :

Commencé le : ...../...../.....   Terminé le : ...../...../.....   Source du patron : ....

Mes Fils
Échantillons

Quantité					
Nom, Référence					
Marque					
Couleur					
Composition					
Poids					
Longueur					
Lieu d'achat					
Prix					
Aiguille					

Mon Matériel

....
....
....
....
....
....
....

Croquis

Échantillon

.... cm x .... cm

Nombre de rangs :

Nombre de mailles :

Type de points :

N° aiguille :

N° Crochet :

Étapes de réalisation

Notes, Trucs & Astuces

Ouvrage N° :

Commencé le : ...../...../.....   Terminé le : ...../...../.....   Source du patron : ....

Mes Fils
Échantillons

Quantité					
Nom, Référence					
Marque					
Couleur					
Composition					
Poids					
Longueur					
Lieu d'achat					
Prix					
Aiguille					

Mon Matériel

....
....
....
....
....
....
....

Croquis

Échantillon

.... cm x .... cm

Nombre de rangs :

Nombre de mailles :

Type de points :

N° aiguille :

N° Crochet :

Étapes de réalisation

Notes, Trucs & Astuces

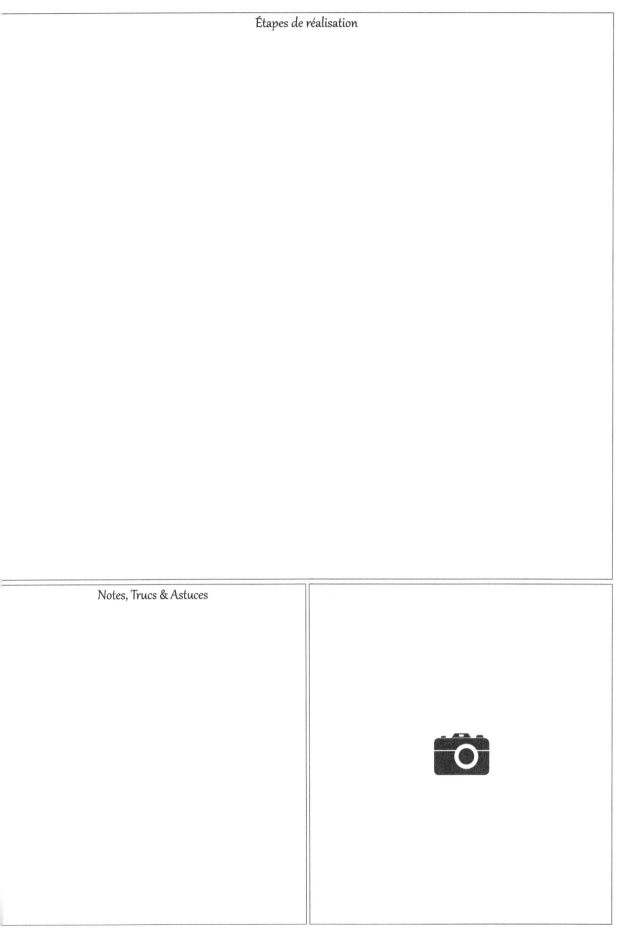

Ouvrage N° :

Commencé le : ...../...../.....   Terminé le : ...../...../.....   Source du patron : ....

Mes Fils
Échantillons

Quantité				
Nom, Référence				
Marque				
Couleur				
Composition				
Poids				
Longueur				
Lieu d'achat				
Prix				
Aiguille				

Mon Matériel

....
....
....
....
....
....
....

Croquis

Échantillon

.... cm x .... cm

Nombre de rangs :

Nombre de mailles :

Type de points :

N° aiguille :

N° Crochet :

Étapes de réalisation

Notes, Trucs & Astuces

Ouvrage N° :

Commencé le : ...../...../.....   Terminé le : ...../...../.....   Source du patron : ....

Mes Fils
Échantillons

Quantité					
Nom, Référence					
Marque					
Couleur					
Composition					
Poids					
Longueur					
Lieu d'achat					
Prix					
Aiguille					

Mon Matériel

....
....
....
....
....
....
....

Croquis

Échantillon

.... cm x .... cm

Nombre de rangs :

Nombre de mailles :

Type de points :

N° aiguille :

N° Crochet :

Étapes de réalisation

Notes, Trucs & Astuces

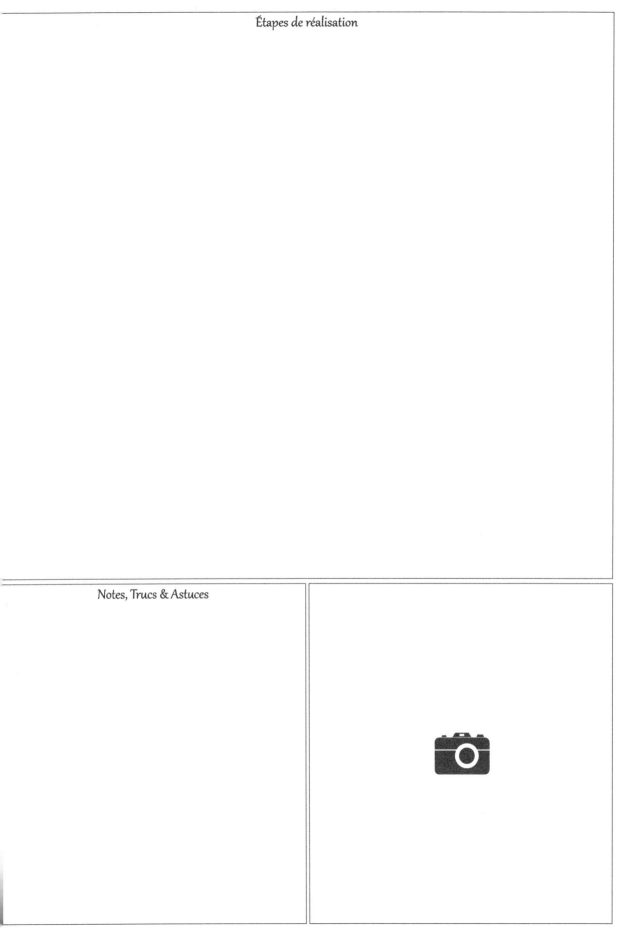

Ouvrage N° :

Commencé le : ...../...../.....   Terminé le : ...../...../.....   Source du patron : ....

Mes Fils
Échantillons

Quantité					
Nom, Référence					
Marque					
Couleur					
Composition					
Poids					
Longueur					
Lieu d'achat					
Prix					
Aiguille					

Mon Matériel

....
....
....
....
....
....
....

Croquis

Échantillon

.... cm x .... cm

Nombre de rangs :

Nombre de mailles :

Type de points :

N° aiguille :

N° Crochet :

Étapes de réalisation

Notes, Trucs & Astuces

Ouvrage N° :

Commencé le : ...../...../.....   Terminé le : ...../...../.....   Source du patron : ....

Mes Fils
Échantillons

Quantité					
Nom, Référence					
Marque					
Couleur					
Composition					
Poids					
Longueur					
Lieu d'achat					
Prix					
Aiguille					

Mon Matériel

....
....
....
....
....
....
....

Échantillon

.... cm x .... cm

Nombre de rangs :

Nombre de mailles :

Type de points :

N° aiguille :

N° Crochet :

Croquis

Étapes de réalisation

Notes, Trucs & Astuces

Ouvrage N° :

Commencé le : ...../...../.....   Terminé le : ...../...../.....   Source du patron : ....

Mes Fils
Échantillons

Quantité					
Nom, Référence					
Marque					
Couleur					
Composition					
Poids					
Longueur					
Lieu d'achat					
Prix					
Aiguille					

Mon Matériel

....
....
....
....
....
....
....

Croquis

Échantillon

.... cm x .... cm

Nombre de rangs :

Nombre de mailles :

Type de points :

N° aiguille :

N° Crochet :

Étapes de réalisation

Notes, Trucs & Astuces

Ouvrage N° :

Commencé le : ...../...../.....   Terminé le : ...../...../.....   Source du patron : ....

Mes Fils
Échantillons

Quantité					
Nom, Référence					
Marque					
Couleur					
Composition					
Poids					
Longueur					
Lieu d'achat					
Prix					
Aiguille					

Mon Matériel

....
....
....
....
....
....
....

Croquis

Échantillon

.... cm x .... cm

Nombre de rangs :

Nombre de mailles :

Type de points :

N° aiguille :

N° Crochet :

Étapes de réalisation

Notes, Trucs & Astuces

Ouvrage N°   :

Commencé le : ...../...../.....   Terminé le : ...../...../.....   Source du patron : ....

Mes Fils
Échantillons

Quantité				
Nom, Référence				
Marque				
Couleur				
Composition				
Poids				
Longueur				
Lieu d'achat				
Prix				
Aiguille				

Mon Matériel

....
....
....
....
....
....
....

Croquis

Échantillon

.... cm x .... cm

Nombre de rangs :

Nombre de mailles :

Type de points :

N° aiguille :

N° Crochet :

Étapes de réalisation

Notes, Trucs & Astuces

Ouvrage N° :

Commencé le : ...../...../.....   Terminé le : ...../...../.....   Source du patron : ....

Mes Fils
Échantillons

Quantité					
Nom, Référence					
Marque					
Couleur					
Composition					
Poids					
Longueur					
Lieu d'achat					
Prix					
Aiguille					

Mon Matériel

....
....
....
....
....
....
....

Croquis

Échantillon

.... cm x .... cm

Nombre de rangs :

Nombre de mailles :

Type de points :

N° aiguille :

N° Crochet :

Étapes de réalisation

Notes, Trucs & Astuces

Ouvrage N° :

Commencé le : ...../...../.....   Terminé le : ...../...../.....   Source du patron : ....

Mes Fils
Échantillons

Quantité					
Nom, Référence					
Marque					
Couleur					
Composition					
Poids					
Longueur					
Lieu d'achat					
Prix					
Aiguille					

Mon Matériel

....
....
....
....
....
....
....

Croquis

Échantillon

.... cm x .... cm

Nombre de rangs :

Nombre de mailles :

Type de points :

N° aiguille :

N° Crochet :

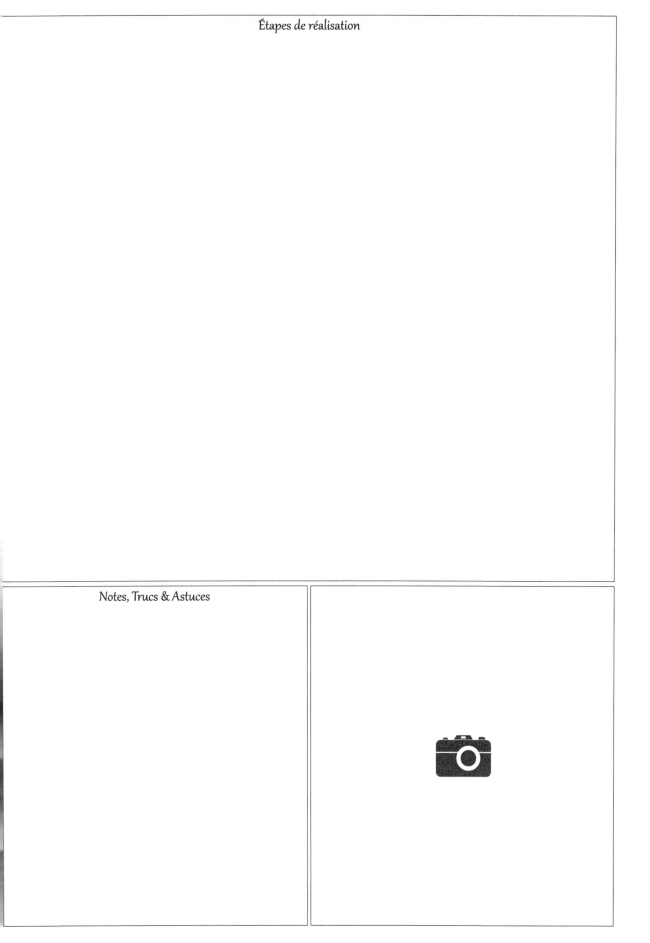

Ouvrage N° :

Commencé le : ...../...../.....   Terminé le : ...../...../.....   Source du patron : ....

Mes Fils
Échantillons

Quantité					
Nom, Référence					
Marque					
Couleur					
Composition					
Poids					
Longueur					
Lieu d'achat					
Prix					
Aiguille					

Mon Matériel

....
....
....
....
....
....
....

Croquis

Échantillon

.... cm x .... cm

Nombre de rangs :

Nombre de mailles :

Type de points :

N° aiguille :

N° Crochet :

Étapes de réalisation

Notes, Trucs & Astuces

Ouvrage N° :

Commencé le : ...../...../.....   Terminé le : ...../...../.....   Source du patron : ....

Mes Fils
Échantillons

Quantité					
Nom, Référence					
Marque					
Couleur					
Composition					
Poids					
Longueur					
Lieu d'achat					
Prix					
Aiguille					

Mon Matériel

....

....

....

....

....

....

....

Croquis

Échantillon

.... cm x .... cm

Nombre de rangs :

Nombre de mailles :

Type de points :

N° aiguille :

N° Crochet :

Étapes de réalisation

Notes, Trucs & Astuces

Ouvrage N° :

Commencé le : ...../...../.....   Terminé le : ...../...../.....   Source du patron : ....

Mes Fils
Échantillons

Quantité					
Nom, Référence					
Marque					
Couleur					
Composition					
Poids					
Longueur					
Lieu d'achat					
Prix					
Aiguille					

Mon Matériel

....
....
....
....
....
....
....

Croquis

Échantillon

.... cm x .... cm

Nombre de rangs :

Nombre de mailles :

Type de points :

N° aiguille :

N° Crochet :

Étapes de réalisation

Notes, Trucs & Astuces

Ouvrage N° :

Commencé le : ...../...../.....   Terminé le : ...../...../.....   Source du patron : ....

Mes Fils
Échantillons

Quantité					
Nom, Référence					
Marque					
Couleur					
Composition					
Poids					
Longueur					
Lieu d'achat					
Prix					
Aiguille					

Mon Matériel

....
....
....
....
....
....
....

Croquis

Échantillon

.... cm x .... cm

Nombre de rangs :

Nombre de mailles :

Type de points :

N° aiguille :

N° Crochet :

Étapes de réalisation

Notes, Trucs & Astuces

| Ouvrage N°   : |

Commencé le : ...../...../.....   Terminé le : ...../...../.....   Source du patron : ....

Mes Fils
Échantillons

Quantité				
Nom, Référence				
Marque				
Couleur				
Composition				
Poids				
Longueur				
Lieu d'achat				
Prix				
Aiguille				

Mon Matériel

....
....
....
....
....
....
....

Croquis

Échantillon

.... cm x .... cm

Nombre de rangs :

Nombre de mailles :

Type de points :

N° aiguille :

N° Crochet :

Étapes de réalisation

Notes, Trucs & Astuces

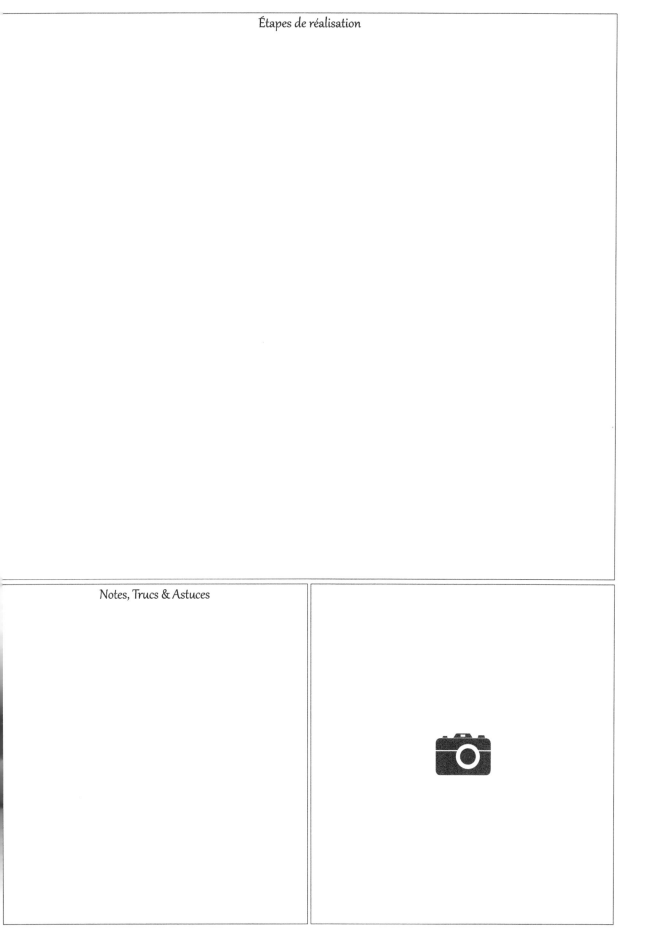

Ouvrage N° :

Commencé le : ...../...../.....   Terminé le : ...../...../.....   Source du patron : ....

Mes Fils
Échantillons

Quantité				
Nom, Référence				
Marque				
Couleur				
Composition				
Poids				
Longueur				
Lieu d'achat				
Prix				
Aiguille				

Mon Matériel

....
....
....
....
....
....
....

Croquis

Échantillon

.... cm x .... cm

Nombre de rangs :

Nombre de mailles :

Type de points :

N° aiguille :

N° Crochet :

Étapes de réalisation

Notes, Trucs & Astuces

Ouvrage N° :

Commencé le : ...../...../.....   Terminé le : ...../...../.....   Source du patron : ....

Mes Fils

Échantillons

Quantité					
Nom, Référence					
Marque					
Couleur					
Composition					
Poids					
Longueur					
Lieu d'achat					
Prix					
Aiguille					

Mon Matériel

....
....
....
....
....
....
....

Échantillon

.... cm x .... cm

Nombre de rangs :

Nombre de mailles :

Type de points :

N° aiguille :

N° Crochet :

Croquis

Étapes de réalisation

Notes, Trucs & Astuces

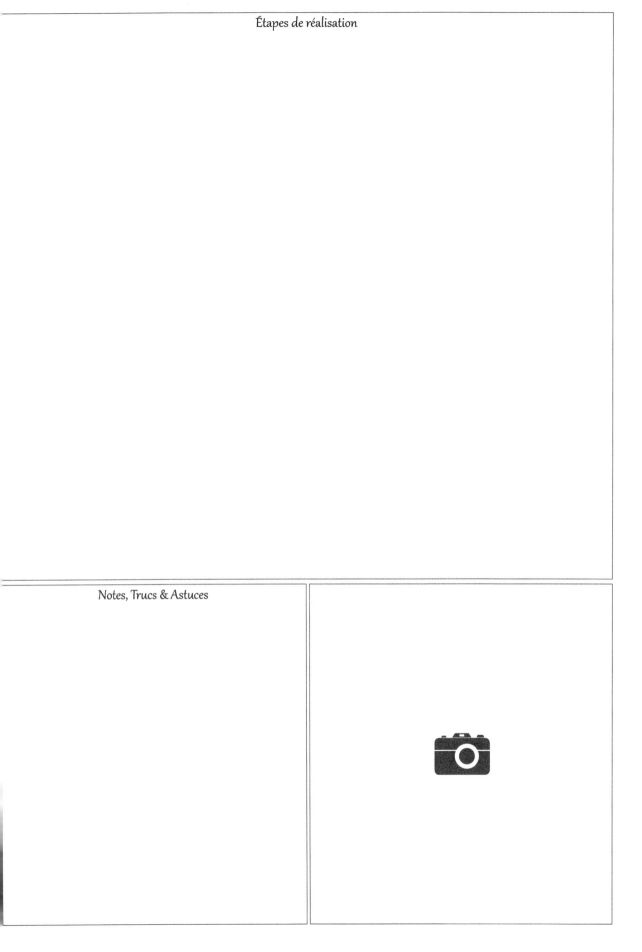

Ouvrage N° :

Commencé le : ...../...../.....   Terminé le : ...../...../.....   Source du patron : ....

Mes Fils
Échantillons

Quantité				
Nom, Référence				
Marque				
Couleur				
Composition				
Poids				
Longueur				
Lieu d'achat				
Prix				
Aiguille				

Mon Matériel

....
....
....
....
....
....
....

Croquis

Échantillon

.... cm x .... cm

Nombre de rangs :

Nombre de mailles :

Type de points :

N° aiguille :

N° Crochet :

Étapes de réalisation

Notes, Trucs & Astuces

Ouvrage N° :

Commencé le : ...../...../.....   Terminé le : ...../...../.....   Source du patron : ....

Mes Fils
Échantillons

Quantité					
Nom, Référence					
Marque					
Couleur					
Composition					
Poids					
Longueur					
Lieu d'achat					
Prix					
Aiguille					

Mon Matériel

....

....

....

....

....

....

....

Croquis

Échantillon

.... cm x .... cm

Nombre de rangs :

Nombre de mailles :

Type de points :

N° aiguille :

N° Crochet :

Étapes de réalisation

Notes, Trucs & Astuces

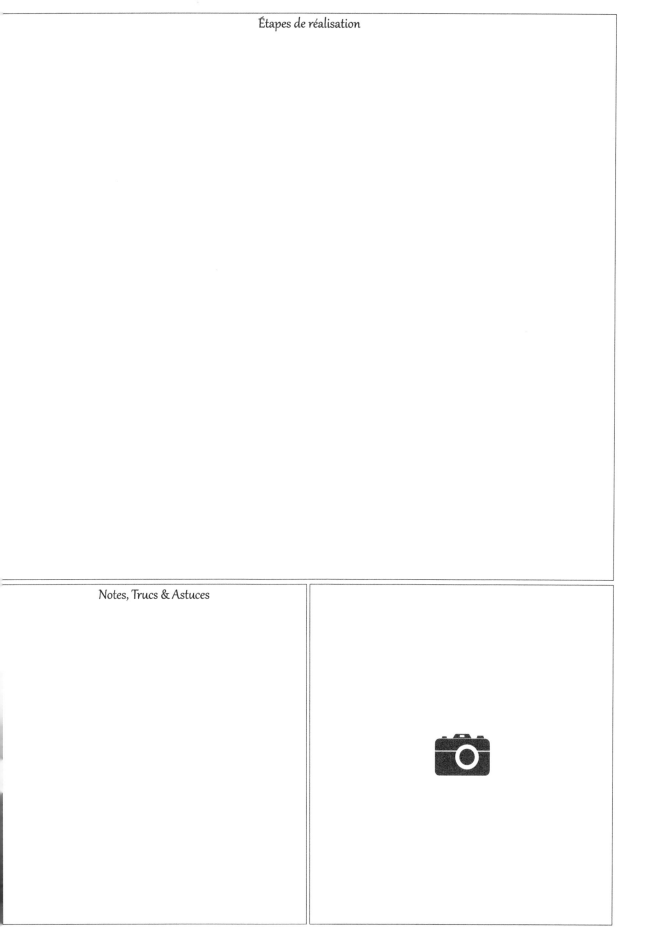

Ouvrage N° :

Commencé le : ...../...../.....   Terminé le : ...../...../.....   Source du patron : ....

Mes Fils
Échantillons

Quantité					
Nom, Référence					
Marque					
Couleur					
Composition					
Poids					
Longueur					
Lieu d'achat					
Prix					
Aiguille					

Mon Matériel

....
....
....
....
....
....
....

Croquis

Échantillon

.... cm x .... cm

Nombre de rangs :

Nombre de mailles :

Type de points :

N° aiguille :

N° Crochet :

Étapes de réalisation

Notes, Trucs & Astuces

Ouvrage N° :

Commencé le : ...../...../.....   Terminé le : ...../...../.....   Source du patron : ....

Mes Fils
Échantillons

Quantité					
Nom, Référence					
Marque					
Couleur					
Composition					
Poids					
Longueur					
Lieu d'achat					
Prix					
Aiguille					

Mon Matériel

....
....
....
....
....
....
....

Échantillon

.... cm x .... cm

Nombre de rangs :

Nombre de mailles :

Type de points :

N° aiguille :

N° Crochet :

Croquis

Étapes de réalisation

Notes, Trucs & Astuces

Ouvrage N° :

Commencé le : ...../...../.....   Terminé le : ...../...../.....   Source du patron : ....

Mes Fils
Échantillons

Quantité					
Nom, Référence					
Marque					
Couleur					
Composition					
Poids					
Longueur					
Lieu d'achat					
Prix					
Aiguille					

Mon Matériel

....
....
....
....
....
....
....

Croquis

Échantillon

.... cm x .... cm

Nombre de rangs :

Nombre de mailles :

Type de points :

N° aiguille :

N° Crochet :

Étapes de réalisation

Notes, Trucs & Astuces

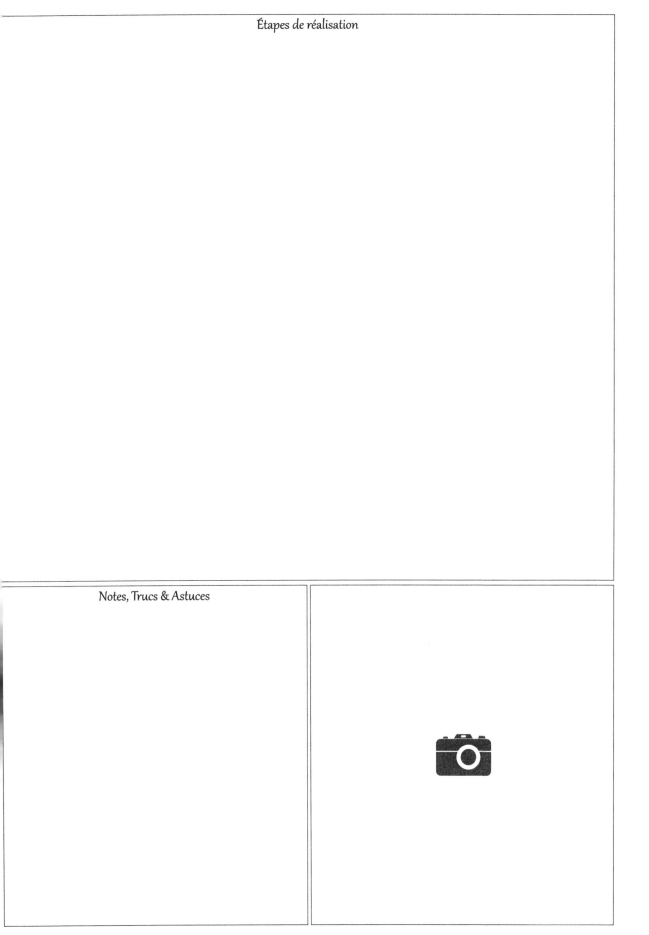

Ouvrage N° :

Commencé le : ...../...../.....   Terminé le : ...../...../.....   Source du patron : ....

Mes Fils
Échantillons

Quantité					
Nom, Référence					
Marque					
Couleur					
Composition					
Poids					
Longueur					
Lieu d'achat					
Prix					
Aiguille					

Mon Matériel

....
....
....
....
....
....
....

Échantillon

.... cm x .... cm

Nombre de rangs :

Nombre de mailles :

Type de points :

N° aiguille :

N° Crochet :

Croquis

Étapes de réalisation

Notes, Trucs & Astuces

Ouvrage N° :

Commencé le : ....../....../......   Terminé le : ....../....../......   Source du patron : ....

Mes Fils
Échantillons

Quantité					
Nom, Référence					
Marque					
Couleur					
Composition					
Poids					
Longueur					
Lieu d'achat					
Prix					
Aiguille					

Mon Matériel

....
....
....
....
....
....
....

Croquis

Échantillon

.... cm x .... cm

Nombre de rangs :

Nombre de mailles :

Type de points :

N° aiguille :

N° Crochet :

Étapes de réalisation

Notes, Trucs & Astuces

Ouvrage N° :

Commencé le : ...../...../.....   Terminé le : ...../...../.....   Source du patron : ....

Mes Fils

Échantillons

Quantité					
Nom, Référence					
Marque					
Couleur					
Composition					
Poids					
Longueur					
Lieu d'achat					
Prix					
Aiguille					

Mon Matériel

....
....
....
....
....
....
....

Croquis

Échantillon

.... cm x .... cm

Nombre de rangs :

Nombre de mailles :

Type de points :

N° aiguille :

N° Crochet :

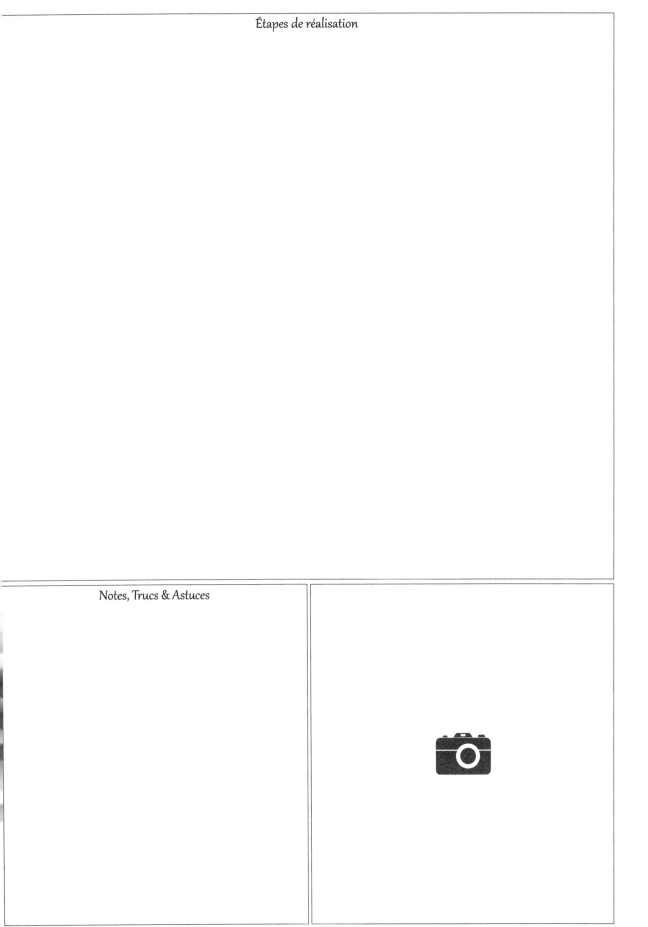

Ouvrage N° :

Commencé le : ...../...../.....   Terminé le : ...../...../.....   Source du patron : ....

Mes Fils
Échantillons

Quantité					
Nom, Référence					
Marque					
Couleur					
Composition					
Poids					
Longueur					
Lieu d'achat					
Prix					
Aiguille					

Mon Matériel

....

....

....

....

....

....

....

Croquis

Échantillon

.... cm x .... cm

Nombre de rangs :

Nombre de mailles :

Type de points :

N° aiguille :

N° Crochet :

Étapes de réalisation

Notes, Trucs & Astuces

Ouvrage N° :

Commencé le : ...../...../..... Terminé le : ...../...../..... Source du patron : ....

Mes Fils
Échantillons

Quantité					
Nom, Référence					
Marque					
Couleur					
Composition					
Poids					
Longueur					
Lieu d'achat					
Prix					
Aiguille					

Mon Matériel

....
....
....
....
....
....
....

Croquis

Échantillon

.... cm x .... cm

Nombre de rangs :

Nombre de mailles :

Type de points :

N° aiguille :

N° Crochet :

Étapes de réalisation

Notes, Trucs & Astuces

Ouvrage N° :

Commencé le : ...../...../.....   Terminé le : ...../...../.....   Source du patron : ....

Mes Fils
Échantillons

Quantité					
Nom, Référence					
Marque					
Couleur					
Composition					
Poids					
Longueur					
Lieu d'achat					
Prix					
Aiguille					

Mon Matériel

....
....
....
....
....
....
....

Croquis

Échantillon

.... cm x .... cm

Nombre de rangs :

Nombre de mailles :

Type de points :

N° aiguille :

N° Crochet :

Étapes de réalisation

Notes, Trucs & Astuces

Ouvrage N° :

Commencé le : ...../...../.....   Terminé le : ...../...../.....   Source du patron : ....

Mes Fils
Échantillons

Quantité					
Nom, Référence					
Marque					
Couleur					
Composition					
Poids					
Longueur					
Lieu d'achat					
Prix					
Aiguille					

Mon Matériel

....
....
....
....
....
....
....

Croquis

Échantillon

.... cm x .... cm

Nombre de rangs :

Nombre de mailles :

Type de points :

N° aiguille :

N° Crochet :

Étapes de réalisation

Notes, Trucs & Astuces

Ouvrage N° :

Commencé le : ...../...../.....   Terminé le : ...../...../.....   Source du patron : ....

Mes Fils
Échantillons

Quantité					
Nom, Référence					
Marque					
Couleur					
Composition					
Poids					
Longueur					
Lieu d'achat					
Prix					
Aiguille					

Mon Matériel

....
....
....
....
....
....
....

Croquis

Échantillon

.... cm x .... cm

Nombre de rangs :

Nombre de mailles :

Type de points :

N° aiguille :

N° Crochet :

Étapes de réalisation

Notes, Trucs & Astuces

Ouvrage N° :

Commencé le : ...../...../.....   Terminé le : ...../...../.....   Source du patron : ....

Mes Fils

Échantillons

Quantité					
Nom, Référence					
Marque					
Couleur					
Composition					
Poids					
Longueur					
Lieu d'achat					
Prix					
Aiguille					

Mon Matériel

....
....
....
....
....
....
....

Croquis

Échantillon

.... cm x .... cm

Nombre de rangs :

Nombre de mailles :

Type de points :

N° aiguille :

N° Crochet :

Étapes de réalisation

Notes, Trucs & Astuces

Ouvrage N°   :

Commencé le : ...../...../.....   Terminé le : ...../...../.....   Source du patron : ....

Mes Fils
Échantillons

Quantité					
Nom, Référence					
Marque					
Couleur					
Composition					
Poids					
Longueur					
Lieu d'achat					
Prix					
Aiguille					

Mon Matériel

....
....
....
....
....
....
....

Croquis

Échantillon

.... cm x .... cm

Nombre de rangs :

Nombre de mailles :

Type de points :

N° aiguille :

N° Crochet :

Étapes de réalisation

Notes, Trucs & Astuces

Printed in France by Amazon
Brétigny-sur-Orge, FR

17157061R00058